AF490850

NAME: FAX:

ADRESSE: TELEFON:

E-MAIL: GEBURTSTAG:

NAME: FAX:

ADRESSE: TELEFON:

E-MAIL: GEBURTSTAG:

NAME: FAX:

ADRESSE: TELEFON:

E-MAIL: GEBURTSTAG:

NOTIZEN:

NAME: | FAX:

ADRESSE: | TELEFON:

E-MAIL: | GEBURTSTAG:

NAME: | FAX:

ADRESSE: | TELEFON:

E-MAIL: | GEBURTSTAG:

NAME: | FAX:

ADRESSE: | TELEFON:

E-MAIL: | GEBURTSTAG:

NOTIZEN:

NAME: FAX:

ADRESSE: TELEFON:

E-MAIL: GEBURTSTAG:

NAME: FAX:

ADRESSE: TELEFON:

E-MAIL: GEBURTSTAG:

NAME: FAX:

ADRESSE: TELEFON:

E-MAIL: GEBURTSTAG:

NOTIZEN:

NAME: FAX:

ADRESSE: TELEFON:

E-MAIL: GEBURTSTAG:

NAME: FAX:

ADRESSE: TELEFON:

E-MAIL: GEBURTSTAG:

NAME: FAX:

ADRESSE: TELEFON:

E-MAIL: GEBURTSTAG:

NOTIZEN:

B

NAME: FAX:

ADRESSE: TELEFON:

E-MAIL: GEBURTSTAG:

NAME: FAX:

ADRESSE: TELEFON:

E-MAIL: GEBURTSTAG:

NAME: FAX:

ADRESSE: TELEFON:

E-MAIL: GEBURTSTAG:

NOTIZEN:

NAME: _______________________ FAX: _______________________

ADRESSE: _______________________ TELEFON: _______________________

____

____

E-MAIL: _______________________ GEBURTSTAG: _______________________

NAME: _______________________ FAX: _______________________

ADRESSE: _______________________ TELEFON: _______________________

____

____

E-MAIL: _______________________ GEBURTSTAG: _______________________

NAME: _______________________ FAX: _______________________

ADRESSE: _______________________ TELEFON: _______________________

____

____

E-MAIL: _______________________ GEBURTSTAG: _______________________

NOTIZEN: _______________________

____

____

____

NAME: FAX:

ADRESSE: TELEFON:

E-MAIL: GEBURTSTAG:

NAME: FAX:

ADRESSE: TELEFON:

E-MAIL: GEBURTSTAG:

NAME: FAX:

ADRESSE: TELEFON:

E-MAIL: GEBURTSTAG:

NOTIZEN:

NAME: FAX:

ADRESSE: TELEFON:

E-MAIL: GEBURTSTAG:

NAME: FAX:

ADRESSE: TELEFON:

E-MAIL: GEBURTSTAG:

NAME: FAX:

ADRESSE: TELEFON:

E-MAIL: GEBURTSTAG:

NOTIZEN:

NAME: FAX:

ADRESSE: TELEFON:

E-MAIL: GEBURTSTAG:

NAME: FAX:

ADRESSE: TELEFON:

E-MAIL: GEBURTSTAG:

NAME: FAX:

ADRESSE: TELEFON:

E-MAIL: GEBURTSTAG:

NOTIZEN:

NAME: FAX:

ADRESSE: TELEFON:

E-MAIL: GEBURTSTAG:

NAME: FAX:

ADRESSE: TELEFON:

E-MAIL: GEBURTSTAG:

NAME: FAX:

ADRESSE: TELEFON:

E-MAIL: GEBURTSTAG:

NOTIZEN:

NAME: FAX:

ADRESSE: TELEFON:

E-MAIL: GEBURTSTAG:

NAME: FAX:

ADRESSE: TELEFON:

E-MAIL: GEBURTSTAG:

NAME: FAX:

ADRESSE: TELEFON:

E-MAIL: GEBURTSTAG:

NOTIZEN:

NAME: FAX:

ADRESSE: TELEFON:

E-MAIL: GEBURTSTAG:

NAME: FAX:

ADRESSE: TELEFON:

E-MAIL: GEBURTSTAG:

NAME: FAX:

ADRESSE: TELEFON:

E-MAIL: GEBURTSTAG:

NOTIZEN:

NAME: FAX:

ADRESSE: TELEFON:

E-MAIL: GEBURTSTAG:

NAME: FAX:

ADRESSE: TELEFON:

E-MAIL: GEBURTSTAG:

NAME: FAX:

ADRESSE: TELEFON:

E-MAIL: GEBURTSTAG:

NOTIZEN:

NAME: FAX:

ADRESSE: TELEFON:

E-MAIL: GEBURTSTAG:

NAME: FAX:

ADRESSE: TELEFON:

E-MAIL: GEBURTSTAG:

NAME: FAX:

ADRESSE: TELEFON:

E-MAIL: GEBURTSTAG:

NOTIZEN:

NAME: FAX:

ADRESSE: TELEFON:

E-MAIL: GEBURTSTAG:

NAME: FAX:

ADRESSE: TELEFON:

E-MAIL: GEBURTSTAG:

NAME: FAX:

ADRESSE: TELEFON:

E-MAIL: GEBURTSTAG:

NOTIZEN:

NAME: FAX:

ADRESSE: TELEFON:

E-MAIL: GEBURTSTAG:

NAME: FAX:

ADRESSE: TELEFON:

E-MAIL: GEBURTSTAG:

NAME: FAX:

ADRESSE: TELEFON:

E-MAIL: GEBURTSTAG:

NOTIZEN:

NAME: FAX:

ADRESSE: TELEFON:

E-MAIL: GEBURTSTAG:

NAME: FAX:

ADRESSE: TELEFON:

E-MAIL: GEBURTSTAG:

NAME: FAX:

ADRESSE: TELEFON:

E-MAIL: GEBURTSTAG:

NOTIZEN:

NAME: **FAX:**

ADRESSE: **TELEFON:**

E-MAIL: **GEBURTSTAG:**

NAME: **FAX:**

ADRESSE: **TELEFON:**

E-MAIL: **GEBURTSTAG:**

NAME: **FAX:**

ADRESSE: **TELEFON:**

E-MAIL: **GEBURTSTAG:**

NOTIZEN:

NAME: FAX:

ADRESSE: TELEFON:

E-MAIL: GEBURTSTAG:

NAME: FAX:

ADRESSE: TELEFON:

E-MAIL: GEBURTSTAG:

NAME: FAX:

ADRESSE: TELEFON:

E-MAIL: GEBURTSTAG:

NOTIZEN:

NAME: FAX:

ADRESSE: TELEFON:

E-MAIL: GEBURTSTAG:

NAME: FAX:

ADRESSE: TELEFON:

E-MAIL: GEBURTSTAG:

NAME: FAX:

ADRESSE: TELEFON:

E-MAIL: GEBURTSTAG:

NOTIZEN:

NAME: FAX:

ADRESSE: TELEFON:

E-MAIL: GEBURTSTAG:

NAME: FAX:

ADRESSE: TELEFON:

E-MAIL: GEBURTSTAG:

NAME: FAX:

ADRESSE: TELEFON:

E-MAIL: GEBURTSTAG:

NOTIZEN:

NAME: FAX:

ADRESSE: TELEFON:

E-MAIL: GEBURTSTAG:

NAME: FAX:

ADRESSE: TELEFON:

E-MAIL: GEBURTSTAG:

NAME: FAX:

ADRESSE: TELEFON:

E-MAIL: GEBURTSTAG:

NOTIZEN:

NAME: FAX:

ADRESSE: TELEFON:

E-MAIL: GEBURTSTAG:

NAME: FAX:

ADRESSE: TELEFON:

E-MAIL: GEBURTSTAG:

NAME: FAX:

ADRESSE: TELEFON:

E-MAIL: GEBURTSTAG:

NOTIZEN:

NAME: ______________________ FAX: ______________________

ADRESSE: ______________________ TELEFON: ______________________

____

____

E-MAIL: ______________________ GEBURTSTAG: ______________________

NAME: ______________________ FAX: ______________________

ADRESSE: ______________________ TELEFON: ______________________

____

____

E-MAIL: ______________________ GEBURTSTAG: ______________________

NAME: ______________________ FAX: ______________________

ADRESSE: ______________________ TELEFON: ______________________

____

____

E-MAIL: ______________________ GEBURTSTAG: ______________________

NOTIZEN: ______________________

____

____

NAME: FAX:

ADRESSE: TELEFON:

E-MAIL: GEBURTSTAG:

NAME: FAX:

ADRESSE: TELEFON:

E-MAIL: GEBURTSTAG:

NAME: FAX:

ADRESSE: TELEFON:

E-MAIL: GEBURTSTAG:

NOTIZEN:

NAME: FAX:

ADRESSE: TELEFON:

E-MAIL: GEBURTSTAG:

NAME: FAX:

ADRESSE: TELEFON:

E-MAIL: GEBURTSTAG:

NAME: FAX:

ADRESSE: TELEFON:

E-MAIL: GEBURTSTAG:

NOTIZEN:

NAME: FAX:

ADRESSE: TELEFON:

E-MAIL: GEBURTSTAG:

NAME: FAX:

ADRESSE: TELEFON:

E-MAIL: GEBURTSTAG:

NAME: FAX:

ADRESSE: TELEFON:

E-MAIL: GEBURTSTAG:

NOTIZEN:

NAME: FAX:

ADRESSE: TELEFON:

E-MAIL: GEBURTSTAG:

NAME: FAX:

ADRESSE: TELEFON:

E-MAIL: GEBURTSTAG:

NAME: FAX:

ADRESSE: TELEFON:

E-MAIL: GEBURTSTAG:

NOTIZEN:

NAME: FAX:

ADRESSE: TELEFON:

E-MAIL: GEBURTSTAG:

NAME: FAX:

ADRESSE: TELEFON:

E-MAIL: GEBURTSTAG:

NAME: FAX:

ADRESSE: TELEFON:

E-MAIL: GEBURTSTAG:

NOTIZEN:

NAME: **FAX:**

ADRESSE: **TELEFON:**

E-MAIL: **GEBURTSTAG:**

NAME: **FAX:**

ADRESSE: **TELEFON:**

E-MAIL: **GEBURTSTAG:**

NAME: **FAX:**

ADRESSE: **TELEFON:**

E-MAIL: **GEBURTSTAG:**

NOTIZEN:

NAME: FAX:

ADRESSE: TELEFON:

E-MAIL: GEBURTSTAG:

NAME: FAX:

ADRESSE: TELEFON:

E-MAIL: GEBURTSTAG:

NAME: FAX:

ADRESSE: TELEFON:

E-MAIL: GEBURTSTAG:

NOTIZEN:

NAME: FAX:

ADRESSE: TELEFON:

E-MAIL: GEBURTSTAG:

NAME: FAX:

ADRESSE: TELEFON:

E-MAIL: GEBURTSTAG:

NAME: FAX:

ADRESSE: TELEFON:

E-MAIL: GEBURTSTAG:

NOTIZEN:

NAME: FAX:

ADRESSE: TELEFON:

E-MAIL: GEBURTSTAG:

NAME: FAX:

ADRESSE: TELEFON:

E-MAIL: GEBURTSTAG:

NAME: FAX:

ADRESSE: TELEFON:

E-MAIL: GEBURTSTAG:

NOTIZEN:

NAME: FAX:

ADRESSE: TELEFON:

E-MAIL: GEBURTSTAG:

NAME: FAX:

ADRESSE: TELEFON:

E-MAIL: GEBURTSTAG:

NAME: FAX:

ADRESSE: TELEFON:

E-MAIL: GEBURTSTAG:

NOTIZEN:

NAME: FAX:

ADRESSE: TELEFON:

E-MAIL: GEBURTSTAG:

NAME: FAX:

ADRESSE: TELEFON:

E-MAIL: GEBURTSTAG:

NAME: FAX:

ADRESSE: TELEFON:

E-MAIL: GEBURTSTAG:

NOTIZEN:

NAME: FAX:

ADRESSE: TELEFON:

E-MAIL: GEBURTSTAG:

NAME: FAX:

ADRESSE: TELEFON:

E-MAIL: GEBURTSTAG:

NAME: FAX:

ADRESSE: TELEFON:

E-MAIL: GEBURTSTAG:

NOTIZEN:

NAME: FAX:

ADRESSE: TELEFON:

E-MAIL: GEBURTSTAG:

NAME: FAX:

ADRESSE: TELEFON:

E-MAIL: GEBURTSTAG:

NAME: FAX:

ADRESSE: TELEFON:

E-MAIL: GEBURTSTAG:

NOTIZEN:

NAME: **FAX:**

ADRESSE: **TELEFON:**

E-MAIL: **GEBURTSTAG:**

NAME: **FAX:**

ADRESSE: **TELEFON:**

E-MAIL: **GEBURTSTAG:**

NAME: **FAX:**

ADRESSE: **TELEFON:**

E-MAIL: **GEBURTSTAG:**

NOTIZEN:

NAME: FAX:

ADRESSE: TELEFON:

E-MAIL: GEBURTSTAG:

NAME: FAX:

ADRESSE: TELEFON:

E-MAIL: GEBURTSTAG:

NAME: FAX:

ADRESSE: TELEFON:

E-MAIL: GEBURTSTAG:

NOTIZEN:

NAME: FAX:

ADRESSE: TELEFON:

E-MAIL: GEBURTSTAG:

NAME: FAX:

ADRESSE: TELEFON:

E-MAIL: GEBURTSTAG:

NAME: FAX:

ADRESSE: TELEFON:

E-MAIL: GEBURTSTAG:

NOTIZEN:

NAME: FAX:

ADRESSE: TELEFON:

E-MAIL: GEBURTSTAG:

NAME: FAX:

ADRESSE: TELEFON:

E-MAIL: GEBURTSTAG:

NAME: FAX:

ADRESSE: TELEFON:

E-MAIL: GEBURTSTAG:

NOTIZEN:

NAME: FAX:

ADRESSE: TELEFON:

E-MAIL: GEBURTSTAG:

NAME: FAX:

ADRESSE: TELEFON:

E-MAIL: GEBURTSTAG:

NAME: FAX:

ADRESSE: TELEFON:

E-MAIL: GEBURTSTAG:

NOTIZEN:

NAME: FAX:

ADRESSE: TELEFON:

E-MAIL: GEBURTSTAG:

NAME: FAX:

ADRESSE: TELEFON:

E-MAIL: GEBURTSTAG:

NAME: FAX:

ADRESSE: TELEFON:

E-MAIL: GEBURTSTAG:

NOTIZEN:

NAME: FAX:

ADRESSE: TELEFON:

E-MAIL: GEBURTSTAG:

NAME: FAX:

ADRESSE: TELEFON:

E-MAIL: GEBURTSTAG:

NAME: FAX:

ADRESSE: TELEFON:

E-MAIL: GEBURTSTAG:

NOTIZEN:

NAME: FAX:

ADRESSE: TELEFON:

E-MAIL: GEBURTSTAG:

NAME: FAX:

ADRESSE: TELEFON:

E-MAIL: GEBURTSTAG:

NAME: FAX:

ADRESSE: TELEFON:

E-MAIL: GEBURTSTAG:

NOTIZEN:

NAME: FAX:

ADRESSE: TELEFON:

E-MAIL: GEBURTSTAG:

NAME: FAX:

ADRESSE: TELEFON:

E-MAIL: GEBURTSTAG:

NAME: FAX:

ADRESSE: TELEFON:

E-MAIL: GEBURTSTAG:

NOTIZEN:

NAME: FAX:

ADRESSE: TELEFON:

E-MAIL: GEBURTSTAG:

NAME: FAX:

ADRESSE: TELEFON:

E-MAIL: GEBURTSTAG:

NAME: FAX:

ADRESSE: TELEFON:

E-MAIL: GEBURTSTAG:

NOTIZEN:

NAME: FAX:

ADRESSE: TELEFON:

E-MAIL: GEBURTSTAG:

NAME: FAX:

ADRESSE: TELEFON:

E-MAIL: GEBURTSTAG:

NAME: FAX:

ADRESSE: TELEFON:

E-MAIL: GEBURTSTAG:

NOTIZEN:

NAME: FAX:

ADRESSE: TELEFON:

E-MAIL: GEBURTSTAG:

NAME: FAX:

ADRESSE: TELEFON:

E-MAIL: GEBURTSTAG:

NAME: FAX:

ADRESSE: TELEFON:

E-MAIL: GEBURTSTAG:

NOTIZEN:

NAME: FAX:

ADRESSE: TELEFON:

E-MAIL: GEBURTSTAG:

NAME: FAX:

ADRESSE: TELEFON:

E-MAIL: GEBURTSTAG:

NAME: FAX:

ADRESSE: TELEFON:

E-MAIL: GEBURTSTAG:

NOTIZEN:

NAME: _______________________ FAX: _______________________

ADRESSE: _______________________ TELEFON: _______________________

E-MAIL: _______________________ GEBURTSTAG: _______________________

NAME: _______________________ FAX: _______________________

ADRESSE: _______________________ TELEFON: _______________________

E-MAIL: _______________________ GEBURTSTAG: _______________________

NAME: _______________________ FAX: _______________________

ADRESSE: _______________________ TELEFON: _______________________

E-MAIL: _______________________ GEBURTSTAG: _______________________

NOTIZEN: _______________________

NAME: FAX:

ADRESSE: TELEFON:

E-MAIL: GEBURTSTAG:

NAME: FAX:

ADRESSE: TELEFON:

E-MAIL: GEBURTSTAG:

NAME: FAX:

ADRESSE: TELEFON:

E-MAIL: GEBURTSTAG:

NOTIZEN:

NAME: FAX:

ADRESSE: TELEFON:

E-MAIL: GEBURTSTAG:

NAME: FAX:

ADRESSE: TELEFON:

E-MAIL: GEBURTSTAG:

NAME: FAX:

ADRESSE: TELEFON:

E-MAIL: GEBURTSTAG:

NOTIZEN:

NAME: FAX:

ADRESSE: TELEFON:

E-MAIL: GEBURTSTAG:

NAME: FAX:

ADRESSE: TELEFON:

E-MAIL: GEBURTSTAG:

NAME: FAX:

ADRESSE: TELEFON:

E-MAIL: GEBURTSTAG:

NOTIZEN:

NAME: FAX:

ADRESSE: TELEFON:

E-MAIL: GEBURTSTAG:

NAME: FAX:

ADRESSE: TELEFON:

E-MAIL: GEBURTSTAG:

NAME: FAX:

ADRESSE: TELEFON:

E-MAIL: GEBURTSTAG:

NOTIZEN:

NAME: _________________________ **FAX:** _________________________

____

ADRESSE: ______________________ **TELEFON:** _____________________

____

____

E-MAIL: _______________________ **GEBURTSTAG:** __________________

NAME: _________________________ **FAX:** _________________________

____

ADRESSE: ______________________ **TELEFON:** _____________________

____

____

E-MAIL: _______________________ **GEBURTSTAG:** __________________

NAME: _________________________ **FAX:** _________________________

____

ADRESSE: ______________________ **TELEFON:** _____________________

____

____

E-MAIL: _______________________ **GEBURTSTAG:** __________________

NOTIZEN: ____

____

____

NAME: FAX:

ADRESSE: TELEFON:

E-MAIL: GEBURTSTAG:

NAME: FAX:

ADRESSE: TELEFON:

E-MAIL: GEBURTSTAG:

NAME: FAX:

ADRESSE: TELEFON:

E-MAIL: GEBURTSTAG:

NOTIZEN:

NAME: _______________________ FAX: _______________________

ADRESSE: _______________________ TELEFON: _______________________

E-MAIL: _______________________ GEBURTSTAG: _______________________

NAME: _______________________ FAX: _______________________

ADRESSE: _______________________ TELEFON: _______________________

E-MAIL: _______________________ GEBURTSTAG: _______________________

NAME: _______________________ FAX: _______________________

ADRESSE: _______________________ TELEFON: _______________________

E-MAIL: _______________________ GEBURTSTAG: _______________________

NOTIZEN: _______________________

O

NAME: FAX:

ADRESSE: TELEFON:

E-MAIL: GEBURTSTAG:

NAME: FAX:

ADRESSE: TELEFON:

E-MAIL: GEBURTSTAG:

NAME: FAX:

ADRESSE: TELEFON:

E-MAIL: GEBURTSTAG:

NOTIZEN:

NAME: FAX:

ADRESSE: TELEFON:

E-MAIL: GEBURTSTAG:

NAME: FAX:

ADRESSE: TELEFON:

E-MAIL: GEBURTSTAG:

NAME: FAX:

ADRESSE: TELEFON:

E-MAIL: GEBURTSTAG:

NOTIZEN:

P

NAME: FAX:

ADRESSE: TELEFON:

E-MAIL: GEBURTSTAG:

NAME: FAX:

ADRESSE: TELEFON:

E-MAIL: GEBURTSTAG:

NAME: FAX:

ADRESSE: TELEFON:

E-MAIL: GEBURTSTAG:

NOTIZEN:

NAME: _______________________ FAX: _______________________

ADRESSE: _______________________ TELEFON: _______________________

____

____

E-MAIL: _______________________ GEBURTSTAG: _______________________

NAME: _______________________ FAX: _______________________

ADRESSE: _______________________ TELEFON: _______________________

____

____

E-MAIL: _______________________ GEBURTSTAG: _______________________

NAME: _______________________ FAX: _______________________

ADRESSE: _______________________ TELEFON: _______________________

____

____

E-MAIL: _______________________ GEBURTSTAG: _______________________

NOTIZEN: _______________________

____

____

NAME: FAX:

ADRESSE: TELEFON:

E-MAIL: GEBURTSTAG:

NAME: FAX:

ADRESSE: TELEFON:

E-MAIL: GEBURTSTAG:

NAME: FAX:

ADRESSE: TELEFON:

E-MAIL: GEBURTSTAG:

NOTIZEN:

NAME:

FAX:

ADRESSE:

TELEFON:

E-MAIL:

GEBURTSTAG:

NAME:

FAX:

ADRESSE:

TELEFON:

E-MAIL:

GEBURTSTAG:

NAME:

FAX:

ADRESSE:

TELEFON:

E-MAIL:

GEBURTSTAG:

NOTIZEN:

NAME: FAX:

ADRESSE: TELEFON:

E-MAIL: GEBURTSTAG:

NAME: FAX:

ADRESSE: TELEFON:

E-MAIL: GEBURTSTAG:

NAME: FAX:

ADRESSE: TELEFON:

E-MAIL: GEBURTSTAG:

NOTIZEN:

NAME: FAX:

ADRESSE: TELEFON:

E-MAIL: GEBURTSTAG:

NAME: FAX:

ADRESSE: TELEFON:

E-MAIL: GEBURTSTAG:

NAME: FAX:

ADRESSE: TELEFON:

E-MAIL: GEBURTSTAG:

NOTIZEN:

NAME: FAX:

ADRESSE: TELEFON:

E-MAIL: GEBURTSTAG:

NAME: FAX:

ADRESSE: TELEFON:

E-MAIL: GEBURTSTAG:

NAME: FAX:

ADRESSE: TELEFON:

E-MAIL: GEBURTSTAG:

NOTIZEN:

NAME: FAX:

ADRESSE: TELEFON:

E-MAIL: GEBURTSTAG:

NAME: FAX:

ADRESSE: TELEFON:

E-MAIL: GEBURTSTAG:

NAME: FAX:

ADRESSE: TELEFON:

E-MAIL: GEBURTSTAG:

NOTIZEN:

NAME: FAX:

ADRESSE: TELEFON:

E-MAIL: GEBURTSTAG:

NAME: FAX:

ADRESSE: TELEFON:

E-MAIL: GEBURTSTAG:

NAME: FAX:

ADRESSE: TELEFON:

E-MAIL: GEBURTSTAG:

NOTIZEN:

NAME: **FAX:**

ADRESSE: **TELEFON:**

E-MAIL: **GEBURTSTAG:**

NAME: **FAX:**

ADRESSE: **TELEFON:**

E-MAIL: **GEBURTSTAG:**

NAME: **FAX:**

ADRESSE: **TELEFON:**

E-MAIL: **GEBURTSTAG:**

NOTIZEN:

NAME: _______________________ FAX: _______________________

ADRESSE: _______________________ TELEFON: _______________________

____

____

E-MAIL: _______________________ GEBURTSTAG: _______________________

NAME: _______________________ FAX: _______________________

ADRESSE: _______________________ TELEFON: _______________________

____

____

E-MAIL: _______________________ GEBURTSTAG: _______________________

NAME: _______________________ FAX: _______________________

ADRESSE: _______________________ TELEFON: _______________________

____

____

E-MAIL: _______________________ GEBURTSTAG: _______________________

NOTIZEN: _______________________

____

____

____

NAME: FAX:

ADRESSE: TELEFON:

E-MAIL: GEBURTSTAG:

NAME: FAX:

ADRESSE: TELEFON:

E-MAIL: GEBURTSTAG:

NAME: FAX:

ADRESSE: TELEFON:

E-MAIL: GEBURTSTAG:

NOTIZEN:

NAME: FAX:

ADRESSE: TELEFON:

E-MAIL: GEBURTSTAG:

NAME: FAX:

ADRESSE: TELEFON:

E-MAIL: GEBURTSTAG:

NAME: FAX:

ADRESSE: TELEFON:

E-MAIL: GEBURTSTAG:

NOTIZEN:

NAME: FAX:

ADRESSE: TELEFON:

E-MAIL: GEBURTSTAG:

NAME: FAX:

ADRESSE: TELEFON:

E-MAIL: GEBURTSTAG:

NAME: FAX:

ADRESSE: TELEFON:

E-MAIL: GEBURTSTAG:

NOTIZEN:

NAME: FAX:

ADRESSE: TELEFON:

E-MAIL: GEBURTSTAG:

NAME: FAX:

ADRESSE: TELEFON:

E-MAIL: GEBURTSTAG:

NAME: FAX:

ADRESSE: TELEFON:

E-MAIL: GEBURTSTAG:

NOTIZEN:

NAME: FAX:

ADRESSE: TELEFON:

E-MAIL: GEBURTSTAG:

NAME: FAX:

ADRESSE: TELEFON:

E-MAIL: GEBURTSTAG:

NAME: FAX:

ADRESSE: TELEFON:

E-MAIL: GEBURTSTAG:

NOTIZEN:

NAME: FAX:

ADRESSE: TELEFON:

E-MAIL: GEBURTSTAG:

NAME: FAX:

ADRESSE: TELEFON:

E-MAIL: GEBURTSTAG:

NAME: FAX:

ADRESSE: TELEFON:

E-MAIL: GEBURTSTAG:

NOTIZEN:

NAME: FAX:

ADRESSE: TELEFON:

E-MAIL: GEBURTSTAG:

NAME: FAX:

ADRESSE: TELEFON:

E-MAIL: GEBURTSTAG:

NAME: FAX:

ADRESSE: TELEFON:

E-MAIL: GEBURTSTAG:

NOTIZEN:

NAME: FAX:

ADRESSE: TELEFON:

E-MAIL: GEBURTSTAG:

NAME: FAX:

ADRESSE: TELEFON:

E-MAIL: GEBURTSTAG:

NAME: FAX:

ADRESSE: TELEFON:

E-MAIL: GEBURTSTAG:

NOTIZEN:

NAME: FAX:

ADRESSE: TELEFON:

E-MAIL: GEBURTSTAG:

NAME: FAX:

ADRESSE: TELEFON:

E-MAIL: GEBURTSTAG:

NAME: FAX:

ADRESSE: TELEFON:

E-MAIL: GEBURTSTAG:

NOTIZEN:

NAME: FAX:

ADRESSE: TELEFON:

E-MAIL: GEBURTSTAG:

NAME: FAX:

ADRESSE: TELEFON:

E-MAIL: GEBURTSTAG:

NAME: FAX:

ADRESSE: TELEFON:

E-MAIL: GEBURTSTAG:

NOTIZEN:

NAME: FAX:

ADRESSE: TELEFON:

E-MAIL: GEBURTSTAG:

NAME: FAX:

ADRESSE: TELEFON:

E-MAIL: GEBURTSTAG:

NAME: FAX:

ADRESSE: TELEFON:

E-MAIL: GEBURTSTAG:

NOTIZEN:

NAME: FAX:

ADRESSE: TELEFON:

E-MAIL: GEBURTSTAG:

NAME: FAX:

ADRESSE: TELEFON:

E-MAIL: GEBURTSTAG:

NAME: FAX:

ADRESSE: TELEFON:

E-MAIL: GEBURTSTAG:

NOTIZEN:

NAME: FAX:

ADRESSE: TELEFON:

E-MAIL: GEBURTSTAG:

NAME: FAX:

ADRESSE: TELEFON:

E-MAIL: GEBURTSTAG:

NAME: FAX:

ADRESSE: TELEFON:

E-MAIL: GEBURTSTAG:

NOTIZEN:

NAME: FAX:

ADRESSE: TELEFON:

E-MAIL: GEBURTSTAG:

NAME: FAX:

ADRESSE: TELEFON:

E-MAIL: GEBURTSTAG:

NAME: FAX:

ADRESSE: TELEFON:

E-MAIL: GEBURTSTAG:

NOTIZEN:

NAME: FAX:

ADRESSE: TELEFON:

E-MAIL: GEBURTSTAG:

NAME: FAX:

ADRESSE: TELEFON:

E-MAIL: GEBURTSTAG:

NAME: FAX:

ADRESSE: TELEFON:

E-MAIL: GEBURTSTAG:

NOTIZEN:

NAME: FAX:

ADRESSE: TELEFON:

E-MAIL: GEBURTSTAG:

NAME: FAX:

ADRESSE: TELEFON:

E-MAIL: GEBURTSTAG:

NAME: FAX:

ADRESSE: TELEFON:

E-MAIL: GEBURTSTAG:

NOTIZEN:

NAME: FAX:

ADRESSE: TELEFON:

E-MAIL: GEBURTSTAG:

NAME: FAX:

ADRESSE: TELEFON:

E-MAIL: GEBURTSTAG:

NAME: FAX:

ADRESSE: TELEFON:

E-MAIL: GEBURTSTAG:

NOTIZEN:

NAME: FAX:

ADRESSE: TELEFON:

E-MAIL: GEBURTSTAG:

NAME: FAX:

ADRESSE: TELEFON:

E-MAIL: GEBURTSTAG:

NAME: FAX:

ADRESSE: TELEFON:

E-MAIL: GEBURTSTAG:

NOTIZEN:

NAME: _______________ FAX: _______________

ADRESSE: _______________ TELEFON: _______________

E-MAIL: _______________ GEBURTSTAG: _______________

NAME: _______________ FAX: _______________

ADRESSE: _______________ TELEFON: _______________

E-MAIL: _______________ GEBURTSTAG: _______________

NAME: _______________ FAX: _______________

ADRESSE: _______________ TELEFON: _______________

E-MAIL: _______________ GEBURTSTAG: _______________

NOTIZEN: _______________

NAME: FAX:

ADRESSE: TELEFON:

E-MAIL: GEBURTSTAG:

NAME: FAX:

ADRESSE: TELEFON:

E-MAIL: GEBURTSTAG:

NAME: FAX:

ADRESSE: TELEFON:

E-MAIL: GEBURTSTAG:

NOTIZEN:

NAME: FAX:

ADRESSE: TELEFON:

E-MAIL: GEBURTSTAG:

NAME: FAX:

ADRESSE: TELEFON:

E-MAIL: GEBURTSTAG:

NAME: FAX:

ADRESSE: TELEFON:

E-MAIL: GEBURTSTAG:

NOTIZEN:

NAME: FAX:

ADRESSE: TELEFON:

E-MAIL: GEBURTSTAG:

NAME: FAX:

ADRESSE: TELEFON:

E-MAIL: GEBURTSTAG:

NAME: FAX:

ADRESSE: TELEFON:

E-MAIL: GEBURTSTAG:

NOTIZEN:

NAME: FAX:

ADRESSE: TELEFON:

E-MAIL: GEBURTSTAG:

NAME: FAX:

ADRESSE: TELEFON:

E-MAIL: GEBURTSTAG:

NAME: FAX:

ADRESSE: TELEFON:

E-MAIL: GEBURTSTAG:

NOTIZEN:

NAME: FAX:

ADRESSE: TELEFON:

E-MAIL: GEBURTSTAG:

NAME: FAX:

ADRESSE: TELEFON:

E-MAIL: GEBURTSTAG:

NAME: FAX:

ADRESSE: TELEFON:

E-MAIL: GEBURTSTAG:

NOTIZEN:

NAME: FAX:

ADRESSE: TELEFON:

E-MAIL: GEBURTSTAG:

NAME: FAX:

ADRESSE: TELEFON:

E-MAIL: GEBURTSTAG:

NAME: FAX:

ADRESSE: TELEFON:

E-MAIL: GEBURTSTAG:

NOTIZEN:

NAME: FAX:

ADRESSE: TELEFON:

E-MAIL: GEBURTSTAG:

NAME: FAX:

ADRESSE: TELEFON:

E-MAIL: GEBURTSTAG:

NAME: FAX:

ADRESSE: TELEFON:

E-MAIL: GEBURTSTAG:

NOTIZEN:

NAME: FAX:

ADRESSE: TELEFON:

E-MAIL: GEBURTSTAG:

NAME: FAX:

ADRESSE: TELEFON:

E-MAIL: GEBURTSTAG:

NAME: FAX:

ADRESSE: TELEFON:

E-MAIL: GEBURTSTAG:

NOTIZEN:

NAME: FAX:

ADRESSE: TELEFON:

E-MAIL: GEBURTSTAG:

NAME: FAX:

ADRESSE: TELEFON:

E-MAIL: GEBURTSTAG:

NAME: FAX:

ADRESSE: TELEFON:

E-MAIL: GEBURTSTAG:

NOTIZEN:

NAME: FAX:

ADRESSE: TELEFON:

E-MAIL: GEBURTSTAG:

NAME: FAX:

ADRESSE: TELEFON:

E-MAIL: GEBURTSTAG:

NAME: FAX:

ADRESSE: TELEFON:

E-MAIL: GEBURTSTAG:

NOTIZEN:

NAME: FAX:

ADRESSE: TELEFON:

E-MAIL: GEBURTSTAG:

NAME: FAX:

ADRESSE: TELEFON:

E-MAIL: GEBURTSTAG:

NAME: FAX:

ADRESSE: TELEFON:

E-MAIL: GEBURTSTAG:

NOTIZEN:

NAME: FAX:

ADRESSE: TELEFON:

E-MAIL: GEBURTSTAG:

NAME: FAX:

ADRESSE: TELEFON:

E-MAIL: GEBURTSTAG:

NAME: FAX:

ADRESSE: TELEFON:

E-MAIL: GEBURTSTAG:

NOTIZEN:

NAME: FAX:

ADRESSE: TELEFON:

E-MAIL: GEBURTSTAG:

NAME: FAX:

ADRESSE: TELEFON:

E-MAIL: GEBURTSTAG:

NAME: FAX:

ADRESSE: TELEFON:

E-MAIL: GEBURTSTAG:

NOTIZEN:

NAME: FAX:

ADRESSE: TELEFON:

E-MAIL: GEBURTSTAG:

NAME: FAX:

ADRESSE: TELEFON:

E-MAIL: GEBURTSTAG:

NAME: FAX:

ADRESSE: TELEFON:

E-MAIL: GEBURTSTAG:

NOTIZEN: